L'ANCIEN

BOULEVARD

DU TEMPLE

PARIS. — IMPRIMERIE GAUTHIER-VILLARS
55, quai des Grands-Augustins. — 1410-73.

BOULEVART DU TEMPLE 1770 a 1862

L'ANCIEN
BOULEVARD
DU TEMPLE

PAR

Augustin CHALLAMEL

Avec deux eaux-fortes par Péquégnot

LIBRAIRIE

DE LA

SOCIÉTÉ DES GENS DE LETTRES

5, RUE GEOFFROY-MARIE, 5

PARIS

L'ANCIEN

BOULEVARD

DU TEMPLE

I

Suit la légende du boulevard du Temple.

Mais, rassurez-vous. Il ne faut pas remonter bien haut pour la trouver. Point n'est besoin de compulser les chartes, de chercher les étymologies, ni de se lancer dans les conjectures.

Sur un plan de Paris, de 1639, nous

voyons des moulins à vent et des terrains vagues à l'endroit où s'élèvent aujourd'hui le Château-d'Eau, l'entrée du boulevard Voltaire et l'immense bâtiment des Magasins-Réunis, — cet Odéon des bazars.

La ligne des « boulevards intérieurs du nord », anciens remparts de la ville, resta déserte pendant près d'un siècle.

Puis, le boulevard du Temple se peupla, s'anima, devint une encyclopédie vivante des plaisirs parisiens.

Aujourd'hui, cette double file de palais bourgeois, appelés trop modestement maisons, cette double rangée d'arbres grêles et souffreteux, auxquels l'arrosement public dispense chaque jour quelques tonnes d'eau en guise de tisane rafraîchissante, ne donnent aucune idée de ce qui fut longtemps le pays de Cocagne des ouvriers et la distraction excentrique des rentiers de la capitale.

Le boulevard du Temple n'est qu'un souvenir, je pourrais dire un regret, pour les plus âgés de mes lecteurs, et, pour les plus jeunes, une illustration du passé, déjà lointaine.

J'entreprends un voyage, avec vous, dans ce quartier transformé, afin de connaître exactement ses diverses métamorphoses, ses traditions amusantes, sa multiple existence, et les actions les plus notables des hommes qui ont contribué à sa gloire.

II

Donc, le boulevard du Temple végétait sous Louis XIII.

A peu de distance, au contraire, la foire Saint-Laurent attirait depuis bien des années une foule immense.

Lui, il était négligé, quoiqu'il eût commencé dès 1536. Un arrêté du Conseil (7 juin 1756) ordonna sa formation. Il fut planté (1668), et bientôt regardé comme achevé (1705).

Et pourtant, dans quel piteux état il se trouvait encore, quand l'édilité décida (1771) qu'on le paverait, qu'on démolirait et com-

blerait ses fossés, glacis et contrescarpes,
qu'on y bâtirait des maisons !

Le jour, quelques saltimbanques y tra-
vaillaient, les pieds dans la boue ; quelques
estropiés de contrebande y continuaient le
métier de Clopin Trouillefou ; quelques
gens de mauvaise vie s'y donnaient des rendez-vous suspects.

La nuit, à la douteuse clarté de méchants
réverbères, des filous y dressaient leurs em-
buscades contre les passants attardés.

Deux bons génies parurent, Nicolet et
Audinot, véritables fondateurs du boulevard
du Temple.

Nicolet s'était fait un nom de malin à la
foire Saint-Laurent, que certaines rivalités
de profession le forcèrent à quitter. Il diri-
geait des marionnettes, et vint s'établir sur
le boulevard, dans la plus humble des échop-
pes.

III

Bientôt, l'habile artiste ouvrit (1764) une salle de spectacle.

Evénement digne de mémoire.

Ce fut à grand'peine, car la localité qu'on lui abandonna était un marécage. L'architecte vainquit mille obstacles pour construire la salle plus haut que les remparts. Il fallut combler, tout autour, des fossés, dessécher d'immenses flaques d'eau, égaliser les terrains.

En hiver, des cendres et du sable ménageaient au public un passage sur la glace ou à travers les neiges.

Au dehors, la parade obligée ; au dedans, le spectacle complet.

D'après une estampe du temps, — *Nec plus ultrà*, — un entr'acte, chez Nicolet, était un assemblage d'équilibristes, multipliant à qui mieux mieux les culbutes, les grands écarts, les ascensions de chaise et les sauts périlleux. La scène représentait une espèce de jardin mythologique, éclairé par deux lustres en verroterie.

De chaque côté de la scène, un balcon, — rempli de dames aux toilettes écrasantes.

Dans le reste de la salle se plaçait, comme il pouvait, un amas bariolé de bourgeois, d'artisans, de soldats, de femmes appartenant à toutes les classes.

La vogue de l'impressario devint proverbiale : « De plus fort en plus fort, comme chez Nicolet. »

Notre homme, payant de sa personne, abordait bien des genres. Si les entr'actes faisaient valoir le mérite des joueurs de tambour de basque et des tourneuses épileptiques, ses pièces n'obtenaient pas moins de faveur. *Arlequin, dogue d'Angleterre*, où Nicolet se métamorphosait en chien, délecta la cour et la ville.

Les marionnettes du boulevard du Temple soutenaient avantageusement la concurrence avec celles de la foire Saint-Laurent.

IV

Cette prospérité alarma les comédiens du
roi, français ou italiens. Ceux-ci défendirent
à Nicolet de chanter ; ceux-là lui interdirent
la parole.

C'était le droit des acteurs privilégiés.

Nicolet, artiste de ressources, joua alors
des pantomimes, organisa des danses, instruisit merveilleusement un singe.

Quelle réputation acquit ce quadrumane !
Il n'était bruit que de ses gentillesses. Il
imitait à ravir. Pendant une maladie de
Molé, remplissant les rôles de fat et de petit-

maître à la Comédie française, le singe de Nicolet remplaça un soir le célèbre comédien. On lui avait mis une robe de chambre, des pantoufles et un bonnet de nuit avec un ruban rose. Ainsi affublé, le gracieux animal se donna des airs fort drôles et fit des mines prétentieuses qui rappelaient étonnamment Molé.

Cependant, après force requêtes, Nicolet eut permission de parler et de chanter. Il ne s'en priva pas, et marcha de succès en succès avec son incomparable Taconnet, auteur de la *Mort du Bœuf gras;* avec Taconnet, qu'on surnomma le Molière et le Préville du boulevard ; avec Taconnet, qui composa la fameuse chanson de la *Belle Bourbonnaise,* contre madame du Barry. Bohème par nature, plus ami de Bacchus que des Muses, Taconnet s'écriait avec indignation : « Je te méprise comme un verre d'eau ! » Il paria un jour de boire, avec son camarade Constantin, une pièce de cent vingt bouteilles, et peu s'en fallut qu'il ne gagnât son pari.

Taconnet jouait les ivrognes au naturel; il excellait dans les rôles de savetier, au point que, selon Préville, il n'eût pu s'acquitter convenablement de ceux de cordonnier.

Le dimanche, il n'était pas rare de voir vingt mille personnes attendre sur leurs jambes, pendant des heures entières, devant la porte de Nicolet. Les femmes du monde briguaient avec le même empressement une loge à une première représentation de son théâtre et une place à une séance académique.

Sa troupe alla (1772) jouer à Choisy, chez madame du Barry; elle amusa beaucoup Louis XV et ses courtisans.

Nicolet profita de l'occasion, sollicita et obtint pour son spectacle le titre de *Grands Danseurs du roi.*

Parmi ces danseurs émérites brillèrent :

Desvoyes, qui exécutait l'anglaise, un paillasse intelligent nommé Becquet, Mme Nicolet et Mlle Miller, qui fut depuis la fameuse madame Gardel.

V

Les ouvrages de Molière, principalement
Georges Dandin et le *Médecin malgré lui*,
produisaient le plus grand effet devant la
foule. Le populaire admirait sans critiquer,
quand les marquis de l'époque critiquaient
parfois sans comprendre.

Dans une pièce tirée du *Festin de Pierre*,
composée à l'adresse de la jeune noblesse dé-
bauchée, on vit — notons-le bien — Paillasse remplacer Sganarelle. Paillasse, en con-
séquence des débordements de son maître,
était devenu tellement misérable, qu'il se
vêtait avec la toile trouée d'un vieux mate-

2

las, pour accomplir ses exercices d'équilibriste et d'escamoteur.

Paillasse devait fournir une longue carrière. Le boulevard adopta ce type, portant le costume à carreaux bleus et blancs ou rouges et blancs, le costume qu'affectionnèrent aussi les joueurs de gobelets et les faiseurs de tours, habitués à pratiquer sur les places publiques de Paris.

Paillasse « sauta pour tout le monde », moyennant des sous. Logiquement, l'expression de « paillasse » s'appliqua bien vite aux hommes politiques qui donnent la comédie par leurs changements d'opinions, moyennant des emplois.

La dernière incarnation du type, au boulevard, ce fut le père Rousseau, gros, gras et un peu criard, qui charmait la foule, quand il chantait en plein air :

> C'est dans la ville de Bordeaux
> Qu'est z'arrivè trois gros vaisseaux,

> Les matelots qui sont dedans,
> Ce sont, ma foi, de bons enfants.

Lorsque j'étais jeune, mon oncle me disait toujours : « Tu n'as connu ni Lays ni le père Rousseau... Je te plains. »

VI

Selon l'*Almanach des Spectacles*, de
1791, le théâtre de Nicolet « était d'un
genre tout à fait étranger aux autres; on y
allait autrefois pour jouir d'une liberté
qu'on ne trouvait nulle part ailleurs. On y
chantait, on y riait.

« On y faisait une connaissance... et
quelquefois plus encore, sans que personne
y trouvât à redire.

« Chacun y était aussi libre que dans sa
chambre à coucher. Aujourd'hui, la bonne
compagnie commence à changer un peu le
ton de ce spectacle. »

Aussi le directeur pensa qu'il convenait d'appeler son théâtre « la Gaieté ».

C'était le 22 septembre 1792, le jour même où l'Assemblée législative proclamait la République.

Mais bientôt après, on arrêta Nicolet, coupable d'avoir représenté une pièce obscène.

L'impressario, ne se sentant plus à l'aise, loua sa salle (1795) à un certain Ribier. Celui-ci la transforma en *Théâtre d'Émulation*, jusqu'à ce qu'il lui semblât possible de reprendre le nom de *Gaieté*.

Ribier était un faiseur habile. Il annonçait *Koskoli*, en deux actes, pièce dans laquelle « il devait battre de la caisse » ; il montait le *Pied de Mouton*, prototype des féeries.

Personne, en ce temps-là, n'entendait mieux que Ribier la puissance de la réclame. « Si, demain, il n'y avait plus dans

Paris que cinq sous monnoyés, disait-il, je ferais une affiche et je répondrais de mettre six blancs dans ma poche. »

Un tel homme eût dû vivre de nos jours. Hélas! il mourut pauvre, aux Iles, après avoir gagné et mangé six fortunes.

VII

Audinot, de son côté, déploya autant d'adresse que Nicolet.

Il commença, comme son rival, par le jeu des marionnettes (1769) ; comme son rival, il acquit de la renommée et fut admis, par la grâce de Cotillon III, à l'honneur de provoquer les rires du roi de France.

Un matin, tout glorieux, il afficha dans Paris : « Les comédiens de bois de Sa Majesté donneront aujourd'hui relâche au théâtre pour aller à la cour. »

Quand les comédiens de bois furent usés,

Audinot instruisit de tout petits acteurs, en chair et en os. Puis il plaça sur son rideau ce calembour : *Sicut infantes audi nos.* On applaudissait, là, des sauteurs et des danseurs de corde. Ces enfants jouaient aussi des drames, annoncés extérieurement au moyen de parades. Il y avait, en outre, dans le théâtre, des loges d'animaux, des pièces mécaniques, des cabinets curieux et singuliers.

Non-seulement les enfants se moquaient des artistes de la Comédie italienne, dont Audinot avait eu sujet de se plaindre, et que déjà ses marionnettes avaient parodiés, mais ils se permirent quelquefois des lazzis risqués dans leurs pièces gaies et spiri-tuelles.

L'autorité ne s'en préoccupait point, quand ces saillies n'attaquaient que la morale ; elle les réprimait bien vite aussitôt qu'il s'agissait de la moindre allusion politique. La censure procédait ainsi, sous Louis XV. C'était le temps où un teneur de ciseaux retranchait *ma foi* d'une comédie, et y substituait *morbleu,* en prétendant que la religion était moins blessée par ce mot que par l'autre.

Les Parisiens s'amusaient beaucoup dans la salle d'Audinot, dont les acteurs et actrices grandirent. On parla beaucoup de la *Belle au bois dormant,* le triomphe de Mlle Masson, actrice fort belle, très-courtisée. L'idole du public dissipa des sommes énormes, mises à ses pieds par quelques millionnaires affolés. Elle tomba, de chute en chute, au fond de la vallée de misère.

Plus tard (1803), il arriva à cette ci-devant beauté de chanter, l'hiver, en robe de gaze, grelottante et presque pleurante, des duos d'opéra-comique, avec un vieux comédien de province, sur le boulevard où elle avait trôné ! Lorsque les duos étaient finis, le vieillard quêtait, disant : « Messieurs, ayez pitié de Mlle Louise Masson, qui a fait courir tout Paris chez Audinot, dans la *Belle au bois dormant.* »

Car les rois et les reines de théâtre ont aussi leur déchéance, soit en punition de leur enivrement dans la prospérité, soit pour n'avoir pas su abdiquer à l'heure opportune.

Des railleurs traduisirent la devise d'Audinot, quand sa salle devint l'ancien *Ambigu-Comique.* Ils disaient : « Ci-gît les enfants d'Audinot. »

Parmi les acteurs, on remarquait Corse, dans les rôles d'amoureux. Corse dirigea, quelque temps après, l'*Ambigu.* Il payait les pièces deux louis aux auteurs, — lorsqu'il les payait.

Cependant les *Folies-Dramatiques* furent construites sur l'emplacement du théâtre fondé par Audinot, et situé à côté de la salle des anciens *Délassements-Comiques*.

Les théâtres poussaient comme des champignons dans ce coin de Paris.

VIII

Vers le même temps « florissait le Grimacier du boulevard ».

Type étrange, individualité qui s'était détachée des parades.

Cet artiste opérait sous la coupole du ciel. Monté sur une chaise, il accentuait ses grimaces de la façon la plus vive, au milieu d'un cercle généralement assez nombreux. Lorsque le rire des spectateurs atteignait au paroxysme, le grimacier descendait à terre, et demandait une récompense monnoyée.

Dame Fortune, paraît-il, ne lui fit pas la grimace, car il put se payer bientôt une baraque de bois.

Encore un théâtre. Encore des marionnettes. On appela cette nouvelle exploitation *Théâtre des Associés*. Les plus érudits n'ont pas su expliquer pourquoi.

Ces acteurs de bois, eux aussi, se transformèrent en personnes naturelles. A l'époque où Beauvisage dirigea le théâtre, on y jouait des comédies, surtout des tragédies amusantes, c'est-à-dire des parodies où le public riait à gorge déployée. Beauvisage montait sur les planches, comme ses associés. Un soir, dans *Beverley*, tragédie bourgeoise de Saurin, Beauvisage, en prenant le poison, lançait le fameux *Nature, tu frémis!* Le vase fatal se brisa; la liqueur mortelle se répandit.

Avec un calme admirable, Beauvisage la fit couler dans le creux de sa main, et l'avala, aux applaudissements de la salle entière.

Sous le règne de Sallé, successeur de Beau-visage, la spécialité des tragédies amusantes ne dépérit pas. Sallé choisit les rôles d'Arle-quin, parce que, dit la chronique, il était borgne et pouvait cacher son infirmité sous le masque.

Arlequin assistait aux bagatelles de la porte. Batte en main, il s'écriait : « Prrrenez vos billets... M. Pompée jouera ce soir le grrrand *Festin de Pierre* avec toute sa garde-robe... Faites voir l'habit du premier acte (et l'on montrait l'habit). Entrez,... entrez... M. Pompée changera douze fois de costumes !!! Il enlèvera la fille du com-mandeur avec une veste à brandebourgs, et sera foudroyé avec un habit à paillettes ! »

Le moyen de résister à un pareil boni-ment ! Les badauds abondaient.

Le *Théâtre des Associés* devint *Théâtre*

patriotique sous la Révolution, jusqu'au jour où Sallé-Arlequin expira (1795) en plein exercice, et où Prévost s'empressa de métamorphoser le *Théâtre patriotique* en *Théâtre sans prétention.*

Sans prétention aussi le nouveau directeur, qui remplissait cumulativement les fonctions de souffleur, de décorateur, de buraliste, de lampiste, de machiniste, — et d'auteur.

Prévost a écrit le fameux *Victor ou l'Enfant de la forêt*, et *la Vengeance inattendue ou le Triomphe de la vertu*, tragi-comédie héroï-comique, en cinq actes.

Prévost bravait la censure, parlait franchement, aussi bien contre la liberté que contre le despotisme. Lorsqu'un décret impérial (1807) ferma la majeure partie des petits spectacles, y compris le *Théâtre sans prétention*, notre indépendant quand même se désola, et dit de Napoléon Ier, avec une naïveté ravissante : « Cet homme m'a bien trompé ; nous verrons où le conduira le grand coup d'État qu'il vient de faire.»

Honnête au suprême degré, Prévost afficha l'avis suivant : « Les personnes à qui le citoyen Prévost est redevable de quelque chose peuvent se présenter à la caisse, qui sera ouverte tous les jours depuis midi jusqu'à 4 heures. »

Il était ruiné! Plus tard, il montra une petite lanterne magique , dans le jardin Marbeuf, et il mourut excessivement pauvre (1830).

IX

Par suite du décret, vers 1809, la salle se changea en *Café d'Apollon*. Cet établissement nous apparaît comme un des ancêtres directs des cafés-concerts d'aujourd'hui. Les premières loges étaient garnies de glaces. On avait dressé des tables dans le parterre et autour de la salle. Pour une bouteille de bière ou un verre de cassis, — style classique,— l'amateur était censé entendre une ariette, une scène détachée, voir des pantomimes et des arlequinades.

Au bout de quelques années, le *Café d'A-pollon* redevint théâtre, comme devant.

L'illustre Mme Saqui, assez osée pour prétendre qu'elle était alors « la première acrobate de France », s'y installa (1815) avec des danseurs et des polichinelles.

Acrobate ! mot tiré du grec, mot à effet, par lequel les nouveaux artistes indiquaient qu'ils avaient « perfectionné leur art ».

Et le théâtre joua des pantomimes, des comédies, des opéras et des vaudevilles. Du haut de sa corde tendue, dansant avec ou sans balancier, Mme Saqui promenait ses regards sur une foule ébaubie.

Quel port superbe ! quelle sûreté de pied ! Personne ne lui allait à la cheville. Et lorsque l'étoile de la danse de corde brilla de nouveau, après une longue éclipse, combien elle recueillit encore de bravos mérités !

On lisait sur la façade de son spectacle : « *Théâtre de Mme Saqui*, dirigé par M. Dorsay. »

Telles furent les transformations de la salle des marionnettes qu'avait bâtie le « Grimacier du boulevard ».

X

Un certain Tessier fit construire (1777),
en face de la rue Charlot, un spectacle tout
spécial, celui des *Elèves de l'Opéra.*

Six colonnes cannelées formaient le péris-
tyle, que couronnait un bas-relief, — l'A-
mour dans un char. A l'intérieur, trois
rangs de loges. Les murs étaient parsemés
d'arabesques d'or sur un fond gris perle. Le
plafond représentait Hercule aux pieds
d'Omphale. De chaque côté de l'avant-
scène, la Danse et la Musique, statues de
plâtre.

Dans ce boudoir mythologique, quatre-

vingts élèves, filles et garçons, s'exerçaient
pour figurer, plus tard, dans les ballets de
l'Académie royale. C'était la pépinière des
« espaliers d'Opéra » ; c'était le couvoir des
talents chorégraphiques.

Soyons vrais : on y cultivait plutôt l'a-
mour que la danse.

L'entreprise eût dû réussir. Point. Dès
qu'une élève avait une réputation de beauté,
elle devenait espalier et oubliait son humble
patron.

Au créateur de l'établissement succéda
Parisot, avocat, auteur, acteur et directeur.
Il jetait de la poudre aux yeux, donnait une
magnifique représentation (18 mai 1780) en
l'honneur de l'Américain Paul Jones, mais
oubliait de payer son personnel. Il lui fallut
fermer boutique. Devenu journaliste, il dé-
fendit la monarchie et mourut sur l'échafaud.

Après Parisot, des *jeux pyriques* rempla-
cèrent les sémillantes ballerines, jusqu'à ce

que les *Beaujolais*, chassés (1790) de leur théâtre du Palais-Royal par la Montansier, se décidèrent à paraître sur cette scène pendant un an.

Une année aussi vécut le *Lycée dramatique*, dirigé par le sieur Cauvin, menuisier.

O misère ! Cauvin n'ouvrit d'abord ses portes que deux fois la semaine ; ensuite, que le dimanche. Ajoutons qu'il prodiguait les billets gratis. Un de ses musiciens, impayé, fit saisir tous les rabots du menuisier-directeur, qui fut obligé de déguerpir, de céder la place aux *Variétés-Amusantes de Lazzari* (1792).

XI

En ce temps-là, Volange rendait en per-
fection le personnage de Jeannot, et poéti-
sait le *Pointu*.

Volange comptait les admirateurs par
milliers. Son portrait fut gravé d'une foule
de manières différentes. Son buste en porce-
laine trouva place sur les cheminées de
toutes les jolies femmes. On allait le voir
modelé en cire chez Curtius, dont nous par-
lerons, à côté de Voltaire et du comte d'Es-
taing...

L'ambition prit à Volange, qui débuta à
la Comédie italienne (22 février 1780).

Représentation pleine de péripéties. Le débutant avait devant lui tous ses partisans et tous ses ennemis.

Il faiblissait... Beaucoup de spectateurs lui criaient avec attendrissement : « Courage, Jeannot, courage ! »

Mais le Roscius de la foire subit un échec mémorable.

La Comédie italienne, malgré cela, gagna plus avec Volange qu'avec une année entière de nouveautés.

A quelque chose malheur est bon. Volange reçut double traitement aux *Variétés-Amusantes*.

Quant à Lazzari, il faisait des tours surprenants, avec une incroyable adresse. Il coupait une orange avec son sabre, sur la tête d'un camarade, tout comme on donne une chiquenaude. Ses mérites éclataient principalement dans la *Cinquantaine infernale* ou la *Baleine avalée par Arlequin*, grande pantomime en cinq actes , composée par lui.

Grétry neveu fit représenter chez Lazzari son joli opéra-comique *la Noblesse au village.*

Ces pièces alternèrent bientôt avec des à-propos patriotiques ou révolutionnaires.

La fatalité s'attachait aux directeurs de petits spectacles. Comme plusieurs de ses confrères, Lazzari n'eut jamais de succès d'argent. Son théâtre ayant été incendié (1798), il se fit, dit-on, sauter la cervelle.

Aux *Variétés-Amusantes*, constatons un début qui date dans l'histoire de l'art dramatique. On joua *Pyrame et Thisbé*, pièce à trois acteurs. Comme dans l'anecdote babylonienne, les amants se donnaient rendez-vous sous un mûrier, à quelque distance de la ville. Thisbé, arrivée la première, était surprise par un lion. Elle fuyait, se cachait ; mais son voile tombait, et l'animal le froissait de sa gueule ensanglantée... Vous savez le reste.

Qui remplissait le rôle du lion ? Qui débutait à quatre pattes ?

Un jeune lauréat du Conservatoire — Frédérick-Lemaître. On eût dit une allégorie. Car le fier lion se dressa de toute sa hauteur. Nous le vîmes rugir superbement devant la foule enthousiaste.

Frédérick monta en grade, passa des *Variétés-Amusantes* aux *Funambules*, alla au *Cirque*, puis, successivement, sur les plus grandes scènes.

XII

Ces salles du boulevard, tout de bois et de toiles peinturlurées, flambaient à la première étincelle. Les vieux *Délassements-Comiques*, où pour six sous on voyait représenter le *Cid*, *Phèdre* et *Mérope*, brûlèrent en 1787, et furent reconstruits l'année suivante.

Une ordonnance de police enjoignit au directeur de ne jouer que des pantomimes, à trois acteurs toujours, et d'élever une gaze entre la scène et le public.

La Révolution déchira cette gaze.

Aux vieux *Délassements-Comiques* débu-

tèrent Potier, si amusant dans *la Comète ;*
Joly, le niais de *la Mère Camus*, et
Jouanny, l'excellent père noble.

Pour ce théâtre écrivirent les Brazier, les
Dumersan, les Rougemont, vaudevillistes
émérites, et quelques féconds dramaturges,
vivants encore.

Pendant un temps (1791), les représenta-
tions des comédiens, à ce théâtre, alternèrent
avec les prestiges d'un physicien célèbre.

XIII

Le spectacle était l'âme du boulevard; au spectacle se joignait l'exhibition permanente.

En 1787, le cabinet du sieur Curtius attirait nombre de visiteurs.

Curtius avait perfectionné la sculpture en cire. Il reproduisait les personnes dans leur grandeur naturelle, avec leurs costumes et leurs habitudes, en attrapant plus ou moins la ressemblance. Au Palais-Royal, il exposait les illustrations de la politique et de la science; au boulevard, les grands scélérats et les individus célèbres dans les rangs inférieurs de la société.

L'aboyeur, sur le seuil, criait : « Entrez, messieurs et dames, venez voir Desrues, la Lescombat, etc. »

Deux sous pour entrer. Avec douze, on approchait, on circulait près des figures.

L'aboyeur criait encore : « Entrez, entrez, messieurs, venez voir le grand couvert ; entrez, c'est tout comme à Versailles. »

On voyait, assise autour d'une grande table, toute la famille royale escortée des ducs et pairs ; à côté, dans une pièce assez vaste, les plus jolies femmes de Paris, les écrivains en renom, les voleurs hors ligne ; plus, des curiosités, des momies ; et, enfin, la chemise de Henri IV, quand Ravaillac l'assassina.

La plupart des bustes étaient parfaits ; les costumes, riches, presque exacts. Le mannequin, dénué de mouvement et de forme, n'indiquait que la place du corps, des membres et de la figure.

Avec la montre de ces mannequins enluminés, Curtius gagnait plus de cent écus par jour.

Ce fut chez lui que les Parisiens, en juillet 1789, à la nouvelle de la disgrâce de Necker, allèrent chercher les bustes de ce ministre et du duc d'Orléans, qu'ils couvrirent de crêpes noirs, qu'ils promenèrent sur toute la ligne des boulevards, jusqu'à ce que Néron-Lambesc les chargeât et tuât plusieurs manifestants, au Pont-Tournant des Tuileries.

Après 89, Curtius débaptisa ses bustes tous les huit jours, fit de la Lescombat une Marie-Antoinette, et mit les aristocrates sous le boisseau. Les visiteurs admiraient, les yeux fermés, pour ainsi dire. A la porte, un factionnaire en cire revêtit tous les costumes militaires, depuis le garde française jusqu'au municipal, dont il nous a été permis de contempler les traits majestueux.

XIV

Pêle-mêle avec les théâtres et les exhibi-
tions, resplendissaient beaucoup d'établisse-
ments renommés.

Nous avons cité le *Café d'Apollon ;* à
plus forte raison faut-il nommer le *Jardin
de Paphos*, bâti par Bricard (1795).

Ce paradis bourgeois se composait d'un
jardin, d'un salon de réunion, d'un café,
d'une galerie publique, d'une salle de danse
en forme de rotonde, et d'un jeu de bague.
Le tout augmenté d'illuminations, de con-
certs d'harmonie, de bals et de feux d'artifice.

Une salle de billard et des salles de jeu étaient jointes au jeu de paume du comte d'Artois, construit (1786) par Bellanger, et situé au n° 37 du boulevard.

Enfin, Torré, le physicien, tirait deux fois par semaine des feux d'artifice.

Ne croyez pas qu'on y pût assister gratuitement. L'établissement de Torré, constitué à grands frais, était soutenu par un public payant et fidèle.

Mais les propriétaires voisins, ayant peur, se plaignirent. Défense à Torré de continuer ses feux d'artifice. Alors il éleva sur son emplacement des salles de bal, des cafés et des boutiques de modes, obtint l'autorisation de réunir deux fois par semaine le public, de cinq à dix heures du soir, exigea trente sous d'entrée, et refusa du monde.

XV

Ainsi, peu d'années s'écoulaient sans que le boulevard s'enrichît de quelques primeurs. La population parisienne s'habituait à ses surprises. Elle les réclamait.

Tantôt un spectacle s'ouvrait, ou une direction théâtrale changeait ; tantôt une parade ébouriffante s'installait ; tantôt un café ou un restaurant obtenait la vogue. Certains vieux endroits subsistaient toujours, modifiés ou non. Le quartier se rajeunissait par portions ; et la foule ne cessait de le fréquenter.

Naguère, en appelant son théâtre la *Gaieté*, Nicolet ne soupçonnait pas, sans doute, la naissance du mélodrame. Comme on y a pleuré ! Comme on y a maudit les traîtres et applaudi la vertu malheureuse, persécutée, mais finalement récompensée !

Bourguignon garda la *Gaieté* jusqu'en 1816, année où Pixérécourt eut le privilége. Dubois et Marty — l'estimable bénisseur — l'administrèrent. Mais l'autorité nomma comme directeur officiel Martainville le royaliste, rédacteur du *Drapeau blanc*.

Martainville fonctionna pour la montre, très-réellement émargea, selon l'usage. Il n'avait rien à faire, et les administrateurs le payaient pour cette excessive besogne.

L'ère moderne commence, à la *Gaieté*, où s'acclimatent les mélodrames à grand spectacle, mêlés de chants, danses, combats, pantomimes, etc. Les figurants y foisonnent ; les accessoires y encombrent tous les magasins. Il faut du spectacle pour la vue, encore plus que pour les oreilles. Les pièces à effet

s'imposent. Dans une de ces pièces, en province, il arriva que l'on représenta le bom-
bardement d'une ville. Un des acteurs fut
blessé par des éclats de pétard. L'affiche an-
nonça aussitôt que, désormais, « le bombar-
« dement aurait lieu... à l'arme blanche. »

Le public vint et ne protesta pas.

Peu à peu, le mélodrame l'emporta sur
toute autre élucubration. Il eut longtemps
ses fanatiques. Puis il se confondit presque
avec le drame, et se régénéra par le roman-
tisme.

La *Gaieté* arbora le drapeau des écrivains
qui visaient aux succès de larmes, — aux
lavages de mouchoirs, selon l'expression des
farceurs. Là s'épanouirent « l'éternelle jeu-
« nesse » de Laferrière, héros d'*Une Mère*
et du *Médecin des enfants*, et l'indicible
sang-froid de Paulin Ménier, ce monstre dé-
sopilant du *Courrier de Lyon*.

XVI

De temps à autre, quelques pièces grivoises ou quelques paysanneries justifiaient le titre de *Gaieté*. Mais, d'ordinaire, quels effroyables tableaux ! La *Forêt de Bondy* (1825), *Desrues*, la *Peste de Marseille* (1828), *Alice ou les Fossoyeurs écossais* (1829), la *Fille sauvage*, amenaient à ce théâtre un public avide d'émotions.

L'*Ambigu-Comique*, lui aussi, prit des allures sombres.

Pixérécourt, qui signa *Guilbert* pendant la Révolution, *Guilbert Pixérécourt* pendant le Consulat, *Guilbert de Pixérécourt* sous l'Empire et la Restauration, et enfin *G. de Pixérécourt*, tint d'abord le sceptre du mélodrame.

Charles Nodier écrivait (1835) à propos de lui : « Le mélodrame n'a jamais été mis à sa place, et pourtant, il faut le dire, orageux comme une émeute, mystérieux comme une conspiration, bruyant et meurtrier comme une bataille, le mélodrame, tel que nous l'avons vu naître, se développer et grandir sous les inspirations de l'auteur inventif des *Ruines de Babylone*, du *Chien de Montargis*, etc., est à la fois le tableau véritable du monde que la société nous a fait, et peut-être la seule tragédie populaire qui convienne à notre époque. »

Nos pères, en effet, frissonnaient ou pleuraient en voyant la *Chapelle des bois ou le Témoin invisible*, — *Cœlina ou l'Enfant du mystère*, — l'*Homme à trois visages*, — la *Femme à deux maris*, — la *Tête de mort*, — le *Bourreau d'Amsterdam,* — et enfin *Latude.*

Oh! les trente-cinq ans de captivité! Vous en souvenez-vous? Quelles émouvantes scènes! Quel intérêt accordé à ce Latude si cruellement puni! Durant les entr'actes, les spectateurs allaient visiter dans le foyer les objets qui avaient servi à l'évasion miraculeuse, notamment l'échelle de corde, — objets prêtés par le bon collectionneur Maurin.

Pixérécourt, homme d'étude et de valeur, rassembla une des plus précieuses bibliothèques. Sur le seuil on lisait :

> Tel est le triste sort de tout livre prêté :
> Souvent il est perdu, toujours il est gâté.

Sur les reliures figurait cet aphorisme :

« Un livre est un ami qui ne change jamais. »

Victor Ducange, autre sommité, qui écrivit avec Dinaux *Trente Ans ou la Vie d'un joueur,* comprenait à merveille la sensibilité des parterres du boulevard. Il avait pénétré dans le secret de leurs instincts, de leurs amours, de leurs superstitions et de leurs terreurs.

Calas et l'*Orpheline de Genève* paraissaient encore sur l'affiche, quand Joseph Bouchardy « charpenta » son *Sonneur de Saint-Paul* et son *Lazare le Pâtre*. Saint-Ernest débitait, à grands renforts de bras, ses incommensurables tartines. Et quel bruit cela faisait, lorsque tous les acteurs « ronflaient », c'est-à-dire appuyaient sur les *r* avec une touchante unanimité !

Dennery, plus tard, collaborait, collaborait sans cesse. Ce Scribe à l'humeur noire « ficelait » très-solidement les situations les plus invraisemblables. Il savait bien « marier Justine », ou précipiter un dénouement, depuis le *Tremblement de terre de la Martinique* jusqu'à la *Dame de Saint-Tropez*, depuis les *Sept Péchés capitaux* jusqu'à

Don Baȝan, depuis la *Grâce de Dieu* jusqu'à *Marie-Jeanne....* Une affiche, avec son nom et les noms des acteurs « en vedette », cela valait de l'or... « Je veux quelque chose de Dennery, me disait un jour Charles Desnoyers.... Dennery porte bonheur. »

Plus d'une pièce de ces dramaturges « rebondissait ».

Quelquefois, le public n'osait « battre Azor » ou siffler, quand un de ses acteurs aimés jouait sans gêne, « les mains dans ses « poches, » suivant l'argot du théâtre. Il passait sur de mauvaises habitudes ; ne soufflait mot quand Marty « battait des « ailes », frappait ses hanches à coups de coude. Le médecin de la *Gaieté* prévint Marty que, s'il continuait à battre des ailes, il serait forcé de prendre promptement sa retraite. Quelle poitrine eût pu résister à quatre-vingt-douze coups reçus pendant une tirade !

XVII

Et maintenant, honneur au *Cirque-Olympique,* ou *Cirque des sieurs Franconi,* qui s'éleva (1827) entre l'ancien Ambigu et l'hôtel Foulon, sur un terrain où avaient travaillé des fantoccini chinois !

Ici, les chefs de file sont des animaux ; les hommes, des utilités.

Tout d'abord, des jongleurs indiens, des Alcides français, des chevaux - prodiges occupent seuls la scène. Mais le théâtre obtient la parole. Le dialogue s'y établit entre l'homme et la bête, avec accompagnement de fanfares et de coups de fusil.

Etant enfants, nous avons vu le *Cerf-Coco* étonner les Parisiens par son intelligence, son adresse et sa légèreté ; nous avons vu *Cavallo-Dios*, pièce où un cheval jouait le principal rôle ; nous avons vu l'*Eléphant du roi de Siam* déboucher des bouteilles, faire sonner dextrement sa sonnette, déjouer les complots politiques, donner un sceptre à son maître, et offrir des bouquets aux dames.

Les pièces du Cirque reçurent la qualification de « mimodrames ».

Puis les auteurs composèrent des apothéoses au généreux *Bisson*, héros de Navarin ; à *La Tour d'Auvergne*, le premier grenadier de France ; à *Daumesnil*, la jambe de bois. Je me rappelle une pièce militaire, le *Drapeau*, avec un maréchal de France, « personnage muet. »

A peine un terrible mélodrame, *Mingrat,*
rompait les habitudes du public.

Le *Cirque-Olympique* ne tarda pas à
se vouer au culte de Bellone. Il en résulta
l'*Homme du siècle,* le *Petit Tondu,* la *Prise
de Pékin,* et bien d'autres batailles en miniature.

Ra-ta-plan, le rideau se levait; ra-ta-plan,
l'état-major paraissait à cheval; ra-ta-plan,
les Français vainqueurs défilaient devant le
général; ra-ta-plan, tous les personnages de
la pièce se groupaient, au fond, pour le dénouement, à la lueur des flammes du
Bengale.

Cent figurants, « les Alexandre à quarante
sous par soirée, » passaient, repassaient,
tournaient, disparaissaient, revenaient à
la hâte, pour représenter une armée de
cent mille hommes. Presque invariable-
ment, Edmond Galland portait les insignes
de général en chef, et le joyeux Lebel, en

habit de sergent, taillait la soupe, gouaillait un conscrit et courtisait une vivandière.

Peu de dialogue, beaucoup de canonnade, énormément de fumée, des odeurs de poudre éventée... et la pièce réussissait toujours, — au milieu des cris de *Vive la France!* auxquels la salle entière faisait écho.

Appelez-moi chauvin, si vous voulez; mais cela me remuait jusqu'au fond de l'âme.

Ah! nous nous endormions sur nos lauriers, quand l'avenir nous réservait de si terribles catastrophes! Pouvions-nous penser, alors, qu'il nous faudrait subir une nouvelle invasion, payer une rançon inouïe, et soupirer encore après le jour de la délivrance!

Mais, brisons là. Trêve aux douleurs. Revenons aux jours du *Cirque-Olympique*, pour rappeler la brillante carrière de ses féeries, de ses trucs incomparables, de ses

décors magiques, de ses costumes éblouis-
sants.

N'oublions pas que les *Pilules du Diable*
n'ont jamais été surpassées.

XVIII

Le boulevard du Temple fut baptisé
« boulevard du Crime ». Quelques théâtres,
pourtant, continuaient la tradition du « boulevard des Parades ».

Le *Petit-Lazzari*, *Petit-Laze* (style de
gamin), fut une quasi-restauration du vrai
Lazzari. Bobèche, célébrité de la rue,
comme on verra, vint s'y montrer. Il n'y
avait, dans ce spectacle infime, qu'une exploitation de nom très-connu. La salle,
même, ne ressemblait point à celle des *Variétés-Amusantes* d'autrefois.

Mme Saqui ne cessait pas de pirouetter

sur la corde, malgré son âge trop respec-
table; mais sa gloire s'effaçait devant un
maître en l'art de mimer.

C'est vous dire que Jean-Baptiste Gas-
pard Deburau, né à Neukolin, près de
Prague, en Bohême, occupait l'attention
publique.

Le théâtre des *Funambules*, rival du
spectacle de Dorsay et fondé (1816) par Ber-
trand, plut bien vite aux amateurs de chiens
savants, de danseuses, de parades et de pantomimes. Charigny s'y était distingué en
Pierrot; Deburau, son successeur, le fit
oublier (1825) et reçut les applaudissements
de tout Paris.

Voilà une gloire qui ne coûtait pas cher
au directeur.

Par son engagement de trois ans (dé-
cembre 1826), Deburau devait « jouer tous
les rôles; danser et figurer dans les ballets,
divertissements, marches, pantomimes et

toutes autres pièces ; faire les combats. »

Pour tout cela, il touchait trente-cinq francs par semaine.

Quelques hommes d'esprit, Charles Nodier à leur tête, admirèrent franchement les aventures carnavalesques du factotum des *Funambules*. La mode s'en mêla. Des médecins conseillaient à leurs malades d'aller voir Pierrot. Un peintre exposait son portrait au Salon.

Janin publia l'*Histoire du Théâtre à quatre sous*, *pour faire suite à l'Histoire du Théâtre-Français* (1833); et il signala Deburau à toute la gent lettrée.

Théophile Gautier écrivit ces lignes dithyrambiques :

« Avec quatre ou cinq types, la pantomime suffit à tout. Cassandre représente la famille ; Léandre, le bellâtre stupide et cossu qui agrée aux parents; Colombine, l'idéal, la Béatrix, le rêve poursuivi, le rêve

de jeunesse et de beauté ; Arlequin, museau
de singe et corps de serpent, avec son masque noir, ses losanges bigarrés, sa pluie de
paillettes, l'amour, l'esprit, la mobilité, l'au-
dace, toutes les qualités et tous les vices
brillants ; Pierrot, pâle, grêle, vêtu d'habits
blafards, toujours affamé et toujours battu,
l'esclave antique, le prolétaire moderne, le
paria, l'être passif et déshérité qui assiste
morne et sournois, aux orgies et aux folies
de ses maîtres. »

Chacun disait : « Pierrot ne serait pas
déplacé sur une scène plus élevée. »

Mais le boulevard était l'élément de Pierrot, qui se hasarda à jouer dans le *Lutin
femelle* (1832) au Palais-Royal, pour un
bénéfice.

Il n'y fut pas plus heureux que Volange,
jadis, à la Comédie italienne.

Deburau, acteur et auteur, comme il convient à un forain de race, travailla à de

nombreuses arlequinades. Œuvre presque entièrement anonyme.

Qui ne connaît pas ses principales créations : *le Bœuf enragé, Ma Mère l'Oie, la Mauvaise Tête, le Billet de mille francs, les Noces de Pierrot,* jouées plus de cinq cents fois?

Combien on l'aimait, au boulevard! On le lui prouva, lorsque, cédant à un terrible mouvement de colère, il lui arriva de tuer, d'un coup de canne plombée, un jeune homme qui l'avait insulté (1836). Un procès s'instruisit. Mais, de tous côtés, on sollicita pour Deburau. Des députations se rendirent chez Pierrot à Sainte-Pélagie, en prison préventive. Il fut acquitté. Le boulevard se mit en fête. La douleur de Pierrot avait été si véritable!

Tout à coup la police parla de fermer les *Funambules.* Il y avait, déclarait-elle, trop de petits théâtres. D'ailleurs, les *Funam-*

bules ne se trouvaient pas dans les conditions réglementaires.

Quoi! Pierrot quittera ses planches! Non, non. George Sand sait le défendre; et le théâtre à quatre sous reste ouvert.

Deburau n'en avait pas pour longtemps. Malade, il joua jusqu'à ce qu'il fût à bout de forces. Comme il était tombé dans une trappe et s'était blessé, lors d'une représentation des *Épreuves*, le public, inquiet, ne voulut pas qu'il continuât son rôle.

Mais l'artiste résista. Pierrot fit comprendre éloquemment « qu'il avait trop de cœur pour s'arrêter ».

Et il finit la pièce.

Mme Sand, qui assistait à cette représentation, envoya le lendemain demander des nouvelles. Le vaillant mime adressa à l'illustre écrivain une lettre dont nous extrayons cette phrase exquise :

« Je ne sais en quels termes vous exprimer

ma reconnaissance. Ma plume est comme ma voix sur la scène, mais mon cœur est comme mon visage, et je vous prie d'en accepter l'expression sincère. »

Peu de temps après, Deburau rendait l'âme (1845).

Le boulevard porta le deuil.

Le fils hérita de l'emploi du père, de son talent aussi. Paul Legrand, élève de Deburau, fit honneur à son maître.

Les *Funambules* ne survécurent pas de beaucoup à leur excellent Pierrot. A peine Champfleury se fut avisé d'y exhiber *Polichinelle*, que ce théâtre s'exila sur le boulevard de Strasbourg.

XIX

Un mot de Bobèche et de Galimafré, deux célèbres niais du commencement de ce siècle, deux gaillards qui allaient dire des bêtises chez les ministres, les grands seigneurs et les banquiers.

Bobèche portait une veste rouge, un tricorne gris, que surmontait un papillon. Il lâchait de grosses vérités, se permettait des allusions politiques et s'attirait parfois les avertissements de la police. Il finit par diriger un théâtre à Rouen.

Galimafré, moins goûté que son confrère, était une variété du paillasse. Sa bouche accumulait les bourdes les plus grossières. Il avait transporté sur le boulevard les tréteaux du Pont-Neuf. Galimafré finit par être garçon machiniste à l'Opéra-Comique.

Vous dirai-je la carrière des *Folies-Dramatiques*, construites, après 1830, sur l'emplacement de l'ancien *Ambigu-Comique*? Philippe y a fait fureur dans les *Aventures de M. Jovial;* Mlle Nathalie y charma la foule dans la *Fille de l'air ;* Frédérick-Lemaître y créa *Robert Macaire*, dont je vous parlerai.

Vous rappellerai-je que M. Hostein, aujourd'hui créateur de la *Renaissance* et précédemment créateur du Châtelet, fonda le *Théâtre-Historique* avec Alexandre Dumas? Malgré les *Mousquetaires* et la *Reine Margot*, le Théâtre-Historique fut éphémère.

Ephémère aussi, le *Troisième Théâtre-Lyrique,* l'*Opéra-National*, qui lui succéda

(1847) sous la direction d'Adolphe Adam. Ce compositeur sacrifia toutes les épargnes de sa vie pour offrir aux jeunes musiciens le moyen de produire leurs œuvres. Sous M. Carvalho, le théâtre devint prospère. *Faust* y révéla Gounod, et Maillard, avec les *Dragons de Villars*, conquit une réputation durable.

Les *Folies-Nouvelles*, petit théâtre des Funambules, donna, en 1855, *Oyayaye,* anthropophagie de MM. Moineaux et Offenbach; puis, prenant bientôt le nom de Déjazet, il eut l'honneur insigne de servir aux derniers triomphes de celle qui devina Sardou et revêtit merveilleusement le costume du jeune Garat.

XX

Pauvre ancien boulevard ! Perpétuelle
kermesse de Paris, rendez-vous de toutes les
classes sociales, cherchant l'égalité du plaisir! Tout le monde y venait s'oublier, s'é-
battre, faire bombance, entendre le bruit des
crincrins et des chansons, visiter les mille
curiosités d'une capitale toujours en quête
d'inventions. Telle grande dame possédait
baignoire au théâtre; telle autre se promenait dans une élégante voiture.

Quelle variété! Des oiseaux faisaient l'exercice; des lièvres battaient la caisse; des pu-
ces traînaient des carrosses à six chevaux.
Ici, une femme, les pieds en haut, la tête en

bas, se tenait en équilibre sur un chande-
lier ; là, une petite fille était mise à la cra-
paudine sur un plat d'argent ; plus loin, des
nains, des géants, des hommes-squelettes,
des luronnes pesant huit cents livres, des
avaleurs de fourchettes, de sabres et de ser-
pents, des enfants qui marchaient sur des
barres de fer rouge.

Pourquoi donc cette foule ? que regardent
ces « fagotteux » ou flâneurs des r es ? C'est
Munito, le chien savant, rival victorieux du
lapin savant.

Voilà des boutiques à vingt-cinq sous, —
et l'*Harmonica*, — et le *Cosmorama*, — et
le *Monde en miniature*.

Le vieux peintre Greuze a fait du boulevard sa promenade habituelle. Il hante tous
les cafés.

A deux heures, avant de rentrer au logis,
le bourgeois du Marais va lire les journaux
au Jardin turc.

XXI

Superbe café, décoré à la turque ou à la
chinoise, comme on voudra ; petit jardin
anglais, français et turc, tout à la fois ;
kiosques, cabinets de verdure, berceaux,
tonnelles, caisses d'orangers, et rotonde
pour orchestre, où plus tard s'escrimeront
Tolbecque et Jullien. Illuminations.

Les bonnes n'entrent pas, les laquais non
plus, à moins qu'ils ne suivent leurs maîtres.

Un invalide, — grande tenue, — immobile
à la porte, que surmonte un croissant, fait
respecter la consigne.

De la terrasse du jardin, les habitués em-

JARDIN TURC

brassent d'un coup d'œil tout le boulevard; par contre, du boulevard, on voit les habitués à mi-corps. Les gens de la Chaussée d'Antin vont au Jardin turc, parfois, comme à une partie de campagne ; ceux du faubourg Saint-Germain n'y paraissent jamais. Beaucoup de familles israélites s'y rendent surtout le samedi, point le dimanche, de peur qu'on ne les prenne pour des familles chrétiennes.

Au bas de la terrasse, sous les grands arbres de la voie publique, les promeneurs aiment à s'asseoir, pour entendre un jeune flûtiste, pour savourer une oublie, pour déguster un sorbet délicieux.

En face, juste en face, une petite maison destinée à une célébrité affreuse. De cette maison partira, le 28 juillet 1835, la machine infernale du Corse Fieschi.

Si le Parisien veut faire une partie fine, il va au *Cadran-Bleu* (n° 25) et chez Bancelin, vrais cabarets où se rassemblaient Vadé, Favart et Saint-Foix, où Fanchon la Vielleuse redisait les couplets de Collé, de Piron et de L'Attaignant.

Le *Cadran-Bleu* a progressé. Une vignette de la carte des dîners représente la façade du restaurant, tenu d'abord par Henneveu, puis par Lebaigue. Son salon est de cent couverts. Le *Cadran-Bleu* devient le rendez-vous de tous les mariés.

On raconte qu'un individu, assez bel homme, vêtu proprement, jovial, spirituel, chantant fort bien, contant avec supériorité l'historiette, trouva moyen de se glisser au milieu des noces. Personne ne songeait à lui demander par laquelle des deux familles il avait été invité.

Depuis longtemps il jouait ce rôle, lorsqu'un jour un garçon du restaurateur s'avisa de s'informer si on le connaissait. Personne n'avait cet honneur.

Le garçon prit à part l'inconnu, et lui déclara qu'il ne pouvait assister au repas.

Notre homme s'en allait, humilié et confus. Le restaurateur s'aperçut de cette retraite; instruit de ce qui s'était passé, il blama et chassa le garçon.

« Continuez, dit-il au parasite, comme vous avez fait jusqu'à présent; et lorsque vous ne saurez où aller dîner, venez ici; votre couvert y sera toujours mis. »

Il comptait sur ce boute-en-train pour donner de la bonne humeur aux convives et pousser à la consommation.

A la *Galiote,* ainsi nommée à cause de son enseigne, les garçons s'étonnent de voir un client arriver seul : « Monsieur attend quelqu'un? — Non. » Alors ils le conduisent dans une salle immense où ne se trouvent que trois ou quatre personnes. A la *Galiote,* le cabinet particulier semble être de rigueur.

Rien ne manque à la promenade du boulevard. De distance en distance, vous rencontrez un cabaret, où, comme dit Bautru, « on vend la folie en bouteille. »

Le café de la *Gaieté* a un billard dans une chambre au fond, des tables vermoulues, des tabourets cassés, quelques mauvais quinquets, lesquels fument au lieu d'éclairer.

Au café du *Bosquet*, l'affluence est considérable.

Puis, une kyrielle de boutiques en manière de caves, où l'on descend par un escalier malpropre, et où les « titis », gavroches de l'époque, viennent avaler la bière de mars.

Il y a une académie de jeux du côté opposé à celui des cafés et des théâtres (1787).

XXII

Il fallait voir le boulevard, il y a vingt ans, un jour de spectacle gratis.

Dès le matin, les queues commençaient à la porte des théâtres. C'étaient des cris à tout rompre, des combats à coups de trognons de choux. Les enfants riaient et « talochaient ». Quelque usurpateur voulait-il se faufiler parmi les premiers rangs, mille bras le menaçaient : « A la queue ! »

Et les municipaux cherchaient à mettre la paix dans cette cohue.

Lorsqu'un orage, même le plus violent, survenait pendant ces heures d'attente, nul ne bougeait, homme ou femme, eût-on des habits ruisselants.

L'heure de l'entrée sonnait. Alors, des bousculades convulsives; quelques étouffements, avec cris de détresse. Puis un désert relatif. Les foules avaient envahi les salles de spectacles.

Silence et attention, quand les acteurs jouaient. Des ovations aux artistes, des bravos à faire honte aux claqueurs les plus déterminés.

La sortie simulait un torrent, qui bondissait çà et là, pour s'aller répandre dans tous les cabarets du quartier.

L'ivresse succédait trop souvent au plaisir du gratis, et les patrouilles s'apercevaient bien que c'était la fête de l'auguste souverain.

XXIII

Les jours ordinaires, le gamin animait
la fourmilière qui assiégeait les marchandes
de fruits et de saucissons, les vendeurs de
coco, les petits pâtissiers. Il chantait ce re-
frain de Désaugiers :

> La seul' promenade qu'ait du prix,
> La seule dont je suis épris,
> La seule où j'm'en donne, où c'que j'ris,
> C'est l'boul'vard du Temple à Paris.

Le gamin, séide de Deburau, montait à
califourchon sur les barrières des *Funambules*. Quelquefois il se faisait pitre, servi-

6

teur d'escamoteur ou de saltimbanque. Malheur à qui sifflait Léontine, au poulailler de la *Gaieté!* Malheur à qui parlait mal de Mélingue! Le gamin contribua largement au succès des *Cosaques*. Il bissait si furieusement qu'il dominait les c'a-queurs.

Etait-il content ? il déclarait : « C'est chouette, c'est rigolo ; » était-il non satisfait d'une pièce ? il s'écriait : « C'est des ficelles, c'est des balançoires. »

Il ne ménageait pas les bravos aux queues-rouges, aux bas-comiques, tout en se laissant aller aux élans de passion des grands comédiens.

Je ne parle pas des mots heureux que lui suggéraient certaines situations ou certains personnages.

« Bois pas! » conseillait-il au malheureux qu'un traître voulait empoisonner.

« N'soufflez pas, y a pus d'charbon! »

disait-il à une actrice trop adonnée au hoquet dramatique.

Il regardait comme un métier agréable celui de vendeur de contre-marques ; mais il ne l'exerçait pas autrement que par envie de devenir spectateur. Il chantait encore :

Aux théatr's on m'remarque :
Aux grands comme aux petits
        J'entr' gratis ;
Chaqu' fois qu'un' contre-marque
Qu'j'attrape et dont j'fais cas,
        N'se vend pas,
    Alors, tout bêt'ment
    J'gobe un dénouement...
    C'est toujours autant d'pris.

Notons en passant que le vendeur de contre-marques se distinguait parmi les gens du boulevard, où il exerçait chaque soir une industrie singulière. Il portait la blouse déchirée ou la redingote impossible, et sa mine semblait peu rassurante à qui ne connaissait pas ses allures de mendicité déguisée.

En grandissant, s'il était déclassé, le gamin travaillait aux machines de théâtre, ou bien la fainéantise le conduisait dans les « enfers » du boulevard; et le jeu l'achevait; l'ivrognerie l'abrutissait. A côté d'un verre de petit bleu à demi vide et d'une pipe culottée, il passait des journées entières à chercher un moyen de « louper » aussi le lendemain.

Tel était le vilain côté du personnel qui ne sortait pas du boulevard.

Il y avait, convenons-en, tant de mauvais exemples dans ce recoin !

La descente de la Courtille, les gratis, les revues, les fêtes publiques, voilà ce qui perdait l'habitué du boulevard.

XXIV

Pour nous, habitants d'autres régions, que
de fois il nous arrivait de contempler les
affiches, afin de choisir le théâtre où l'on
jouerait le plus d'actes possible ! Treize à la
Gaieté ! Allons-y. Hélas ! pour la *Grâce de
Dieu* et le *Sonneur de Saint-Paul,* accom-
pagné d'un vaudeville, quelle queue « se
recourbant en replis tortueux ! »

Force était de se rabattre sur le *Cirque*.
Plus de places. Aux *Folies,* même affluence :
partout, la foule.

Mais nous étions connus aux *Funambules*. Une loge d'avant-scène était mise à

notre disposition. Nous avions l'emploi de notre soirée.

Aux *Funambules*, nous posions pour l'aristocrate. Possédant des provisions de bouche, — chaussons, sucres d'orge, fruits à noyaux surtout, nous bombardions parfois les acteurs, en les apostrophant à demi-voix. Ils ripostaient. On riait de leurs costumes, de leur jeu, de leurs tirades sentimentales. Entre les artistes et nous, — en l'absence de Deburau, — il s'établissait un dialogue interminable, jusqu'à la chute du rideau.

Pendant les entr'actes, les spectateurs nous interpellaient dans ce style imagé qui fleurit aux marchés. Nous répondions, de notre mieux, comme il convient à des personnes érudites, connaissant tous les genres de littérature.

Si ce n'était le dimanche, on finissait toujours par trouver des places dans un théâtre du boulevard.

Il existait là une halle aux spectacles, qu'on me permette l'expression, halle si admirablement située au milieu des populations les plus actives, qu'aujourd'hui ce centre veut se reformer, par la force des choses.

Un volume suffirait à peine pour énumérer les auteurs et les pièces acclamés là pendant un siècle. Les directions « faisaient du titre », attiraient leur monde par la bizarrerie et l'étrangeté des affiches. *Zaïre ou les Chagrins d'un vieux père, — Cardillac ou le Danger de sortir le soir dans les rues*, avaient excité la curiosité de nos pères; et nous, on nous alléchait par des réclames sans fin. En octobre 1834, l'Ambigu inaugura un nouveau moyen de publicité, en mettant sur sa façade un transparent portant le titre du *Juif-Errant*. L'idée réussit, se propagea. Aujourd'hui, le public augure bien ou mal d'un ouvrage, parfois, d'après le transparent.

La marchandise était mêlée. Il y avait des œuvres légères au point de vue des mœurs, des œuvres faibles aux yeux des lettrés, de gros rires ou des larmes faciles, de l'entrain, de l'actualité, du brio des faubourgs. Entre temps, d'admirables créations, quand les maîtres de la littérature abordaient ces vastes scènes, propres au grand développement de l'art; mais point d'œuvres au caractère malsain...

Je me trompe. On cite quelques exceptions, une principalement, *Robert Macaire*, suite tragi-burlesque de l'*Auberge des Adrets*, que Serres et Frédérick-Lemaître avaient su relever d'une chute.

Nous nous souvenons, en effet, que Mourier remplaça le dernier acte de *Robert Macaire*, horriblement sifflé... par une ascension en ballon des héros de la pièce.

A la fin de 1835, *Robert Macaire*, défiant le vol et l'assassinat, jeta dans la foule des semences mauvaises. Plus Frédérick s'y montra supérieur, plus l'influence de l'ouvrage fut désastreuse.

L'admirable comédien avait su si bien entrer dans la peau du héros ignoble, qu'il en garda longtemps l'empreinte, pour ainsi dire. *Robert Macaire* nous venait à l'esprit, quand nous retrouvions Frédérick aux prises avec un rôle littéraire.

Il fallut que *Richard d'Arlington*, *Gennaro* et *Ruy-Blas* le ramenassent dans sa voie normale. Le génie de Victor Hugo et d'Alexandre Dumas purifia le sublime interprète de *Robert Macaire;* la poésie lui rendit l'idéal; et ce Talma du drame poursuivit sa glorieuse carrière.

Cela est la morale de la légende du boulevard du Temple.

FIN

PARIS

IMP. GAUTHIER-VILLARS, QUAI DES GR.-AUGUSTINS, 55.
1490-73.